GETSEMANÍ

ARTURO DE VICENTE

GETSEMANÍ

XXXV Premio de Poesía Jaime Gil de Biedma

VISOR LIBROS

VOLUMEN MCCLXXXIV DE LA COLECCIÓN VISOR DE POESÍA

Un jurado compuesto por Carlos Aganzo, Luis M. Ansón, Antonio Colinas, Asunción Escribano, Jesús García Sánchez, Fermín Herrero, Antonia de Isabel Estrada, Raquel Lanseros y Juan Manuel de Prada, presidido por Miguel Ángel de Vicente y actuando como secretario Santiago Gómez Moreno, otorgó a este libro el XXXV Premio de Poesía Jaime Gil de Biedma que concede la Diputación de Segovia.

Cubierta: Jarumi Riveros

Isaac Peral, 18 - 28015 Madrid
www.visor-libros.com

ISBN: 979-13-87745-84-4
Depósito Legal: M-22756-2025

Impreso en España - Printed in Spain
Gráficas Muriel. C/ Investigación, n.º 9. P. I. Los Olivos - 28906 Getafe (Madrid)

Para Jarumi,
bajo la piel, con su luz y su canción

Infinito silenzio a questa voce
Vo comparando: e mi sovvien l'eterno,
E le morte stagioni, e la presente
E viva, e il suon di lei. Cosí tra questa
Immensità s'annega il pensier mio:
E il naufragar m'è dolce in questo mare.

LEOPARDI

I

EL MONTE DE LOS OLIVOS

Porque lo bello no es sino
el comienzo de lo terrible.

RILKE

¡ELI, ELI! ¿LAMA SABACTANI?

Acaso el abandono que sentimos
cuando la soledad nos acorrala
y como un caramelo nos envuelve
¿no es una realidad otra? Acaso
cuando los lirios nacen y de lejos
el viento viene a darles el camino
que bebe la semilla, la verdad
sembrada de luciérnagas, la vida
que anuncian los tambores, ¿hay alguien
protegiendo el aliento que les falta?
Acaso cuando solos, desterrados
en la profundidad deshabitada
de las tardes sin fe
los corderos perdidos se revuelven
y sufren resignados
sin sombra que abrazar
¿hay alguien que libere
acaso a los corderos solitarios
del trágico envoltorio?

LLAMADA DESDE EL MONASTERIO I: EN BUSCA DEL ARMISTICIO

Me dicen estas monjas que es normal,
que cuando el corazón está en batalla
no hay consuelo posible
que si no quiero ver no voy a ver
que si no tengo espacio
en mi pecho para él, debo esperar.

Me dicen estas monjas
que solo debo abrir en mi interior
una enorme ventana
desde la que escuchar esos latidos
que no hace mucho tiempo
me abrigaban las noches de tristeza.

Me dicen estas monjas
que solo hay que esperar a que mi alma
germine como antaño y recupere
su condición de brote
todo el significado que tenía
y venza la batalla.

COMPLETAS

Nessun maggior dolore che ricordarsi
del tempo felice nella miseria.

DANTE

Vengo a beber en vasija de barro
el tesoro perdido de mi pecho.
Vengo con la esperanza arrodillada
a descubrir de nuevo los sabores
que calientan la noche en el jardín.
Vengo a revelar un secreto antiguo
que descansa en el fondo del océano.
Vengo a convertirme en el pasto breve
de toda criatura bendecida
por las grietas del cielo.
Vengo a invocar, con todo lo que tengo
y todo lo que soy, a quien ungió
mis noches de penumbra con poemas;
a quien vino a inundar los laberintos
de mi conciencia con el agua viva
que anuncian las sagradas escrituras.
Vengo a escribir la historia de un amor
que no respira, de un amor perdido
en las caras que el viento nos oculta.

Vengo a llenar mis venas del sentido
que le falta a mi vida.

HIBRIS

Monjas Trinitarias cantan
Adoramus Te Domine.

Mis alas han perdido
la fuerza que tenían.
Mis brazos no resisten
la roca que cargaban.
Mis nubes ya no llueven
inviernos en tu rostro.

Ahora que mis ojos
desnudan la mañana.
Ahora que soy Ícaro.
Ahora que soy Sísifo.
Ahora que soy Nínive.
Ahora
que el mundo se volvió
pequeño
demasiado pequeño
como para vivirte.

FERTILIDAD

Todas y cada una
de las almas del mundo
despiertan bajo tierra
si pierden sus raíces.
Así mi alma escondida
tendrá un momento fértil
cuando un día recuerde
lo dichosa que fue
debajo de una higuera
regando las raíces
con gotas de su sangre.

VOLVER AL PRIMER AMOR

Yo cruzo los umbrales de la noche
igual que escribo versos o digo una mentira
        con miedo de mi miedo
y ante ti me arrodillo como alguien
que tras mucho viajar
solo busca volver sobre sus huellas
y esperar que amanezca.

LA LLAMA PACIENTE

Las pieles que habité
germinan en mi pecho
y todo mi pasado
renueva sus raíces
despierta del letargo.

Recuerdo aquellos días
sentado a tu derecha
mecido por tus ángeles.

Recuerdo cuando tú
tan callado aguardabas
a que yo te encontrara.

APUNTES DEL DESIERTO:
LOS CASTIGOS DE ZEUS

Cuando perdemos algo
lo hacemos poco a poco
como sin darnos cuenta.

En el desierto he visto
que nuestra libertad es una cárcel
entregada a una roca
que en las noches un águila devora
nuestro hígado desnudo
que solo la verdad, como una flecha
certera al corazón,
puede arrancarle al águila la vida
que lentamente, a sorbos,
como sin darnos cuenta
nos está arrebatando.

NADIE LO SABE

Estamos en silencio. Yo en tu casa
sentado donde siempre, al final,
lejos de las miradas de los cuervos.
Y tú, ¿dónde estarás? Nadie lo sabe.
¿Acaso es de recibo abrir tu casa
y todos sus tesoros al primero
que pase por la puerta?
Lo mínimo, si ofreces tu morada,
sería recibir a quien invitas
no enviar tu silencio, y esconderte
detrás de la palabra y el misterio.
Estamos en silencio. Yo en tu casa.
Y tú, ¿dónde estarás? Nadie lo sabe.

HORA NONA

Dime que cuando hablo no lo hago solo
que cuando desgarro la oscuridad
estás al otro lado de las sombras
susurrando mi nombre
y haciendo tuya mi desdicha.

EUCARISTÍA

No pretendo que sea como antes
solo vengo a escuchar.
Me pondré al fondo y guardaré silencio.
Puede que la gente sospeche
cuando se levanten a comulgar
pero ¿qué puedo hacer?
al fin y al cabo
todos tenemos en el corazón
una habitación reservada
para el invitado que nunca llega.

LLAMADA DESDE EL MONASTERIO II: LAS MONJAS QUIEREN CONOCERTE

He hablado de ti con estas monjas
y quieren conocerte.
Me han mirado a los ojos
y los han encontrado tan vacíos
que les he confesado mi desdicha.
Ellas van a rezar por nuestro amor.
Nosotros mientras tanto
iremos a vivir con tus certezas
pero sin olvidarnos de mis cruces.
Me han dicho que si te amo tanto tanto
me cobije en tu pecho, que me duerma
en los sueños perdidos del pesebre
y que te siga amando
cuando el mundo termine.

He hablado de ti con estas monjas
y me han dicho que lo único que ocurre
        es que le tengo miedo
al eco de mi voz.

VÍSPERAS

Si esto fuera verdad.
Si esto fuera la vida
esta calma esta pausa
con que nacen las nubes.
Si esta luna no fuera una mentira.
Si no hubiera lugar para el dolor
en la oquedad del tiempo.
Si los amaneceres consolaran
al niño que solloza.
Si fuera suficiente con vivir
de todos los recuerdos compartidos.
Si todas mis certezas fueran tuyas.

Si estuvieras aquí, acompañándome.

EL DUENDE

Dime, sociedad nueva y del progreso
si fuiste tú quien cubrió mi mirada
si la manzana que mordí
        la plantaron tus siervos.

Dime tú, invisible usurpador
si olvidaste en mi mente tus deseos.
Dime, si las cenizas que sostengo
como un recuerdo a punto de olvidar
van a resucitar al tercer día.

Dime sociedad nueva y del progreso
dónde está ese duende que me habitaba.

II

LA MIRADA DE SHIVA

Agradezco no ser una de las ruedas del poder,
sino una de las criaturas que son aplastadas por ellas.

TAGORE

BÖCKLIN PINTA SU *AUTORRETRATO CON LA MUERTE TOCANDO EL VIOLÍN* A ORILLAS DEL GANGES, EN BENARÉS

No hay memoria de lo que precedió,
ni tampoco de lo que sucederá habrá
memoria en los que serán después.

Eclesiastés 1:11

I

LA MANO

En mi planeta son de un rojo muy vivo
de un rojo bermellón, alegre y apasionado
durante todo el año. Solo se vuelven blancas
cuando el espejo se hace carne en los velatorios.
Pero aquí no, aquí las flores son muerte
y la muerte es la vida regalada
la vida que comienza
con todos sus matices, pero vida.

La vida es tan real como la muerte
porque la muerte es muerte
la muerte no vacila
cuando apuñala al niño que llevamos dentro
y sus serpientes vienen a llovernos

el alma y las entrañas.
Porque la muerte es muerte
hasta desconocer
el rostro de la vida que aquí se hace carne
pero no resucita al tercer día
porque viene a morir aquí, a esta orilla
más calmada, a la playa de esta ciudad antigua
como la muerte y viva
viva como esta mano
con la que seco el sudor de mi frente
y las espinas de mi memoria, esta mano
con la que cuento rupias para comprar madera
y que ese cuerpo arda entero, esta mano
blanca como mi frente con la que me acomodo
mi chaqueta que cuesta cinco troncos
de madera. Con eso pueden quemar un cuerpo
reducir una vida a esas cenizas
que flotan por el Ganges sin un dueño
que las reclame suyas.

Esta mano, que puede darles descanso eterno
a los cuerpos que flotan sin un rumbo
y que puede evitar que los cadáveres
continúen sufriendo
en el barro después de muertos,
es mi mano.

II

MAA GANGA

El barro de esta orilla alejada del mundo
bendice y santifica a los sincara
que le dan un sentido en su alma roída
por el sol y en su piel
llena de flores bellas
e invisibles que adornan
su conciencia del tiempo.

Vienen con alma justa para orar
alzan la vista al cielo
y se sienten dichosos de morir
en los brazos de Shiva.

El incienso desnuda nuestro olfato
y entramos en un mundo sin sabor
donde el agua se turbia
para entregarnos como un feto abandonado
    a nuestra Madre Ganges
galopando a conciencia entre las almas
que amontonadas como escombros
aguardan impacientes la hora de nacer.

MAITINES

Hermanos de la Sagrada Familia
cantan el Benedictus.

Despiertan los hermanos a las cinco
y vienen a buscarme para orar.
Con su mejor sonrisa me bendicen:
«que Dios colme tu día con su dicha».

Me miran en silencio
y me descalzo igual que ellos.
A la oración entramos todos juntos.
Siempre hay que entrar desnudo
y yo formo un ovillo
con todo lo que cubre mi conciencia
y lo dejo a la entrada.

Solo quiero ser libre
que mi memoria sea un lienzo en blanco.

Los hermanos se sientan en el suelo
con la delicadeza del que observa
sin prisa los milagros de este mundo
con toda la osadía y el coraje
del que abraza los pétalos del tiempo.

El lienzo nos recoge en su quietud
nuestro misterio cobra formas suaves
y la historia que somos brota cuando
todo se calla y solo habla el silencio.

LOS TRAVESTIS
DE LOS SEMÁFOROS DE DELHI

Del suelo están lloviendo cucharas amarillas.
Están lloviendo y nadie sale en su triste auxilio.
Las luces de los putis de la A-3 brillan mucho
las noches de verano, pero aquí es diferente.
Todas estas luciérnagas vienen a no morir
y salen a cazar siempre que tienen hambre
siempre que no hay comida que infectar en sus labios.
Del suelo están lloviendo cucharas verdes, rojas
y amarillas y nadie se da por aludido.
La calle tiene el rostro que oculta su vergüenza:
la huella azul de nuestros ojos de cocodrilo
y el camino apagado de las tristes luciérnagas.
La niebla se desnuda sobre un yermo de estrellas
aunque también las putas tienen un corazón
que lucha de rodillas para seguir viviendo.
Entre viejos *tuk-tuks* de la ciudad del hambre
cuerpos afeminados oscilan ofreciendo
su atributo primario para ser devorados.
Mirando a las luciérnagas, mi corazón descubre
que el suelo sobre el que trabajan estas putas
debe ser lo más cerca que ha estado del cielo.

TRANSITAR

Y así como la vida
empieza con la muerte
nuestra felicidad
transita sin dilema
naciendo del dolor.

POR UN GRANO DE ARROZ

Una mirada que sostiene
en vilo al mundo.
Octavio Paz

He visto los muñones del poema de Lorca
rebotando en las calles sin asfaltar de Delhi
y he visto su dolor espantando las moscas
con que visten sus ojos los tuertos y los ciegos.

Si los gigantes blancos nacidos en la suerte
aplastan el arroz que comen las hormigas
nace un poema en cada niño que pasa hambre
y el llanto de los tristes es el llanto del mundo.

He visto la mirada del toro del Guernica
perderse entre las luces de puestos callejeros
y a Picasso esquivar a gente reencarnada
con más derechos que los niños de la escuela.

Los viejos del mercado recogen la basura
y los niños sin casta, los niños intocables,
buscan granos de arroz entre las uñas pálidas
de los gigantes blancos venidos de occidente.

TALITA KUMI: KRISHNA SE FIJA EN LA MUJER CALLADA DEL TEMPLO

El barniz de los días que nunca llegarán
se ha venido a posar en esa mujer que calla
y luce las palabras preciosas que no dice
en su cintura osada y cubierta por un *sharee*
en su cintura
inmensa como el hambre de una ballena
oscura y oceánica como la hora azul.

Esa mujer que calla
colosal e inmutable como lo es su silencio.

POETA EN NUEVA DELHI

Que no se vea la piel de la manzana,
que la cubran bien las mujeres
y castren el siseo de la serpiente.

Que no se oigan los gritos de dolor,
que no se oigan los sollozos de la entraña,
que se pudra todo todas las veces.

Que no se huela el acorde,
que no se huela la asfixia de la ciudad,
que no se huela más allá del suelo y su humedad.

Que no se saboreen los colores de los atardeceres
solitarios,
dejen que la violencia de las motos acaricie nuestras
lenguas vírgenes.

Que no se sientan las miradas de los turistas,
que no se sienta más allá de la frontera de los cuerpos,
que mi piel sea tierra de religiones y guerra de fantasmas.

Cuando vengan
a preguntarme por los gritos, les diré que los guardé ahí

en la cáscara de huevo que rodando por el asfalto se acerca
hacia el cuerpo de esa niña
que dormida me sonríe.

LAUDES

I

Los hermanos despiertan antes de que amanezca
encierran su mirada en la oración
y abren la puerta a un mundo nuevo
a una tierra que les recibe
con lluvia sanadora
lluvia que hidrata y acaricia
las paredes de su memoria.

Entre los juncos del arroyo
mi conciencia descalza viene a beber del cántaro.
Me siento con los frailes a escuchar
el aire que un hermano sopla
y guardo mi silencio en las grietas de un salmo
para que se caliente y vuelva a murmurar
como lo hacía cuando me llamaba
buscando su eco en mis entrañas.

II

En la lluvia encontré un hogar habitable
—una pequeña casa al fondo del arroyo—
que ahora desconozco desde esta soledad.

LOS NADIES DEL POEMA DE GALEANO ME OBSERVAN

Miles de cobras negras cuelgan de los edificios formando
una telaraña
donde quedan atrapados y sin salida los sueños de toda
esta gente
por ver ese mundo de piel blanca que en películas parece
tan idílico.

Los nadies me observan incrédulos y sus miradas teorizan
sobre mi historia.
Yo ofrezco un asiento en mi rostro para su curiosidad
y sus ojos cristalizan entre la velocidad de la calle
y la quietud de mi cuerpo.

Galeano confiesa que el vibrante acorde de sus miradas
le ha dejado sin palabras.

EL VERBO *TO BE*

Mi cuerpo yace diseccionado
al fondo del aula
mientras los niños conjugan
el verbo *to be.*

El cadáver que era los estudia
y yo desde aquí
sin carne y sin cuerpo observo
mi sangre correr.

Detrás de sus ojos cuando escribo
en esta pizarra
y no entienden nada
su humildad me guarda un sitio
para que yo pueda imaginarlos
felices sin saber todavía
que la tercera persona
es irregular
que no se dice *I are*
y que de donde yo vengo
la gente vive más rápido
y van a universidades
y en sus móviles se les enseña
cómo se hacen las cosas y hasta cómo vivir

porque de donde yo vengo
a veces se nos olvida
a veces soñamos casas, coches
y hasta vidas que no son las nuestras
a veces, digo, de verdad, solo a veces
olvidamos lo que se esconde detrás
de la carne y de la ropa que vestimos
a veces, solo a veces reímos
y nos sentimos felices
felices como los niños
cuando escuchan
«*Okey boys, break time*».

A veces, digo, de verdad, solo a veces
cuando salimos de misa
con perfume y abrigos de piel
las caras de niños como estos
en los carteles del Domund
se nos pegan y despegan de los ojos
y escupimos en su mala suerte
con «*Ay que pena los negritos*»
y rezamos, rezamos mucho por ellos
rezamos por el hambre del mundo
por los que han nacido dentro de esa piel
por los que han vuelto a nacer
por los que secan sus lágrimas
y hasta por los que sufren y no lo saben
por todos ellos rezamos
¿pero para qué?

Quedan veinte minutos de clase
cojo mi alma y voy guardando en ella
todos mis pedazos
ordenando en las habitaciones
en mi retina y mi pecho
todas las miradas recogidas
acomodando sus matices en mi memoria
y al tenerlos dentro los aprendo nuevos
y dentro de mí
mi carne es la nueva carne
mi carne es carne resucitada
mientras los niños conjugan
el verbo *to be.*

MADE IN INDIA

He visto toda la sangre del mundo brotar entre las celdas
del Excel
y he tejido una manta con todas las noches que las
azucenas de esta ciudad
no durmieron fabricando camisetas
camisetas Made in India, camisetas
que los hijos de la rentabilidad usarán para limpiarse los
labios.

He visto las flores de mi infancia tapando el cielo y he
visto al sol
aparecer solo para dar sed y frío entre las letras de un
poema antiguo.

He visto todas las veces que fui feliz
escurriéndose del paño más sucio del mundo.

He visto a la vida y a la muerte
jugando en un columpio de las afueras de Bangalore.

LA HUMILDAD SONRÍE

A la humildad le sangran las encías
despierta sin saber dónde ha nacido
lejos del lugar que habitó en sus sueños;
perdida en busca de Getsemaní.

A los pies de la cruz no nacen flores
no nacen porque siempre a la humildad
hay que buscarla en miradas sin norte
en sonrisas podridas y en la sed
de los que lloran bajo un limonero
de los que solo quieren habitar
ese jardín del que hablan los profetas
como un cielo ideal para morir.

Tus olivos saben guardar silencio
cuando en medio del caos de la calle
una mujer canta y se abren las nubes.

A la humildad le sangran las encías
así como tú sangras por nosotros.

INDEPENDENCE DAY

Hoy es el día
hoy han salido de su tumba los días gloriosos y se han
quitado el polvo
que escondía su canción, la que ahora bailan los vencejos
de plástico
al compás de la basura que los niños remueven en su plato

cuentan esos vencejos que el color naranja significa
la pureza y espiritualidad
con la que se casan las luciérnagas de once años

cuentan que el blanco representa la paz y la verdad
que las mariposas no encuentran en el fondo de sus
cuencos vacíos

cuentan que el verde es la fertilidad y prosperidad
necesarias para tener el hormiguero más poblado
del mundo

cuentan, y por esta afirmación se suicida el pistilo de
un cerezo cada mañana,
que el *Chakra Ashoka,*
esa rueda azul sobre la que giran mil cuatrocientos
millones de ratones
desde el 15 de agosto de 1947,
representa la justicia.

TERCIA HORA

Te he buscado en los rincones de mi conciencia.
Te he buscado cuando no quería encontrarte
y no me conformo con esta sensación
de intuir tu presencia y anhelar tu aliento
de beberte a ciegas y quedarme con sed
de haberme sabido tan dichoso en tu manto
y ya no reconocerme en esta oquedad
que soy yo, escapando de mi propio cuerpo
sintiéndome un usurpador
de esta vida que tú me regalaste
y a la que ya no pertenezco
con la cabeza
                    y menos con el corazón.

SECUENCIA EN EL MEENAKSHI TEMPLE DE MADURAI

Nadie puede verlo con los ojos del cuerpo. No obstante,
aquel que llega a conocerlo con la aspiración cognoscitiva,
con la mente y con el corazón, se vuelve inmortal.

Mahabharata

No puedes ver mi rostro; porque
nadie puede verme, y vivir.

Éxodo 33:20

I

Yo solo vine aquí, a estas palabras
en busca de mi centro. Anhelaba
el llanto de una bruma muy tranquila
y el tacto de tus manos tan ancianas
como Getsemaní.
Yo solo vine aquí a ser prisionero
yo vine a estas palabras
a imaginarme cómo sería
volvernos a encontrar.

II

En todos los silencios que no callas,
en todas las heridas, en los ojos
de la mujer que amo
y también en los pliegues
que oculta la belleza
estabas esperándome.

III

Susurran las mujeres del poblado
un mantra muy antiguo
y el norte de sus voces
seduce mis oídos.
Mientras los niños comen sin pecado
en vasija de barro
voy regresando al huerto, al origen.
Perdóname Señor
por haberte sacado a cucharadas
de mi pecho invernal.

HORA SEXTA

Detrás de la verdad hay una flor
que despeja las nubes y calma a lo sedientos
cuando la soledad se aferra a la garganta
cuando no hay esperanza en la tormenta.

Ella te elige y te hace flor, como ella,
y te invita a entregar tus manos
a la tierra a explorarte en plenitud
y te cubre de dones y de gracias
y muerdes la belleza como un fruto
y el zumo te chorrea por la cara
hasta cubrir tu cuerpo
todo tu cuerpo
de armonía y de pétalos nacidos
de la matriz del mundo

y te llama, te llama por tu nombre
por haberte elegido
por haberse fijado en ti
para hacer de tu vida y sus verdades
una historia de amor interminable.

Y tú, tú solo tienes que abrazar la verdad.

ORACIÓN EN EL DESIERTO

Tres mujeres tejen prendas de ropa y cortan
hilos para matar el tiempo en el tren nocturno
de Madurai a Bangalore.

Desnúdame.
Desnúdame, Señor.
Desnúdame el orgullo.
Ven
devuélveme a tu lado.
Ven
entrégame a las moiras.
Que hagan lo que quieran
con este pobre náufrago
que en medio del océano
desnuda la Palabra
y todos tus silencios
en busca de la tierra
que vio nacer su fe.

LA HERIDA QUE ILUMINA

He paseado mis recuerdos por tu rostro.
Siguen ahí, están muy vivos, no te olvidan.

Me he asomado a la cruz, te he mirado a los ojos,
y he cerrado los míos como cuando te oraba.

He tocado la herida y sigue igual de abierta.
Será que no te das todavía por muerto.
Será que te resistes, golpeando mi pecho,
a ser la cicatriz que nos olvida.

III

LA LLAMADA DEL SILENCIO

El murciélago y el mirlo pueden disputarse por turno
el dominio de tu espíritu; unas veces norteño, solitario,
olvidado en la lectura, centrado en ti; otras sureño,
esparcido, soleado, en busca del goce momentáneo. Pero
en una y otra figuración espiritual, siempre hondamente
susceptible de temblar al acorde, cuando el acorde llega.

Luis Cernuda

METAMORFOSIS

A una joven bajo un verde laurel
le sobran los motivos para serle
fiel a sus entrañas y despertar
fuego en la esperanza del corazón.

Ella, mi vida y su significado.
El laurel, mi fe y la victoria,
el triunfo de la luz bajo las llamas.
Al final, la caída de las sombras.

La vida y la verdad en mí se erigen:
espinas se convierten en laurel
coronan la humildad de toda muerte
y nuestro corazón será invencible
si el fuego con el fuego no perece.

MR. HYDE

Soy el mismo, el mismo hombre perdido
soy todas mis virtudes y pecados
un hombre a la deriva
la idea de naufragio que sufrió Galilea
un mal sueño de Stevenson
cruzando los espejos
para alcanzar la luz.

EL ACORDE

Durante el día se refugian
en la quietud del aire
para no revelarnos su secreto.
Cuando se pone el sol
se cobijan detrás del pliegue de una hoja
o se hacen invisibles para que no las veas.
A mi edad, nunca las he visto.
Sin embargo, si me quedo callado
esperando en silencio
a lo lejos se escucha su rumor escalando
a tientas por la noche.

Pero cuando apareces
cuando el acorde llega
cuando soplas el viento con tu mano
y salen las palabras del sepulcro
todas las cosas son nombradas
mis poemas se elevan
y el aire se divide.

En ti, en tu silencio, las palabras
resucitan de noche
para llenar mis versos.

KAIRÓS

Acomodo el silencio de la tarde
en mi anhelo y le doy todo el cariño
con mis dudas lo envuelvo y manoseo.
Nació para volar, lo lleva dentro,
quiere volver a hacerlo como entonces.

Lo tengo en mi regazo con un hilo
de vida breve, respirando
el aire que perdió, el que ahora yo
le entrego de mi pecho
mi pecho deshonrado
que es una catedral en ruinas
sin patria, sin destino, sin futuro.

En todos esos ojos, mi conciencia
redescubre el silencio que la habita
y acaricia de nuevo ese silencio
por ti vuelve a nombrarlo
y permite que libre
sin alas, sin edad, venga a volar,
ahora para siempre,
por todos los minutos
que todavía tienen un motivo
y faltan por vivir.

HOPPER EN LLAMAS

Después de atravesar mil y un desiertos,
las ramas de la higuera me preguntan
desde dónde amanece su misterio.
Cada paso descubre en la ceniza
el camino de vuelta a la verdad.

Aquella higuera de Getsemaní
durante tanto tiempo apartada del mundo
ha querido brotar
de nuevo en el jardín de mi conciencia
sin miedo y sin dolor
sin esa soledad que ha padecido
oculta bajo tierra, alejada
de los versos que abrigan
en los cuadros de Hopper.

Mecido por las llamas,
sabiéndome perdido, en mi Getsemaní
resucita la higuera que un día me habitó
que hoy me cubre de flores y me alza el bienvenido
por verme, como ayer, saltando de alegría
con el alma desnuda e incendiada en sus brazos.

EL CÁLIZ

Froto bien mis pecados
con tu sangre y tus lágrimas
para que no quede ni rastro
para que no hayan existido
para que aunque los sienta cerca
acechando en las sombras
los sepa perdonados
clavados en la cruz.

Para que aunque yo no los vea
sepa que a ti te duelen tanto
que los abrazas y los besas
hasta que dejan de doler.

GETSEMANÍ

I

Cuando me siento lejos
y mi aliento no alcanza.
Cuando pronto amanece
y tu sabor escapa.

II

Con tu palabra nueva.
Con tu desnudo leve.
Con tu presencia suave.

III

En aquella mirada
los niños de algodón
encontraron la calma.

IV

Sentir que estás aquí
saberme en tu abundancia
y poder disfrutarlo.

AGRADECIMIENTOS

Uno de los últimos días de mayo, al mediodía de un viernes en la oficina, recibí la llamada. Dos semanas antes de mi boda, como un regalo anticipado: *Getsemaní* iba a ver la luz.

A los miembros del jurado, por haberse embarcado conmigo en este viaje espiritual y confiar en la humildad y juventud de los versos que recogen este periplo por el mundo de lo invisible.

A las hermanas trinitarias del Monasterio de Suesa, en Cantabria, por crear con cariño ese silencio atronador que me interpeló una vez más a salir a los márgenes para volver al centro.

A los hermanos de la Sagrada Familia de las comunidades de Madurai y Bangalore, en la India, por guardarme un sitio en sus pensamientos y acogerme en su rutina de oración para que pudiera ahondar en la grieta.

A los estudiantes del internado «Gabriel Illam» de Nagamalai Pudukottai, cerca de Madurai, por descubrirme con su mirada inocente la llamada del corazón a seguir la verdad.

A mi comunidad, Emuná, por esperarme, por permanecer junto a mí en el desierto y confiar en la semilla. Todo es posible para el que cree.

A todos los que paseen su mirada por las líneas de esta aventura y le dediquen tiempo al tiempo que no pasa en la otra orilla del mundo.

A mi familia, padres, hermana y abuelos, por haber cultivado mi fe con un amor infinito e incondicional que sin duda ha manchado los versos de este poemario. A vosotros os debo los cimientos de esta y toda mi poesía, un regalo tan grande como el primer latido.

A mi mujer, Jarumi, por llenarme de certezas para escuchar el eco de mi voz en días como hoy, mi veintinueve cumpleaños, donde la vida cobra sentido cuando se comparte con el corazón que nos ha sido regalado y los recuerdos que laten en el jardín.

A todos vosotros, gracias.

24 de julio de 2025

ÍNDICE

I
EL MONTE DE LOS OLIVOS

¡Eli, Eli! ¿Lama Sabactani? 15
Llamada desde el Monasterio I: en busca del armisticio .. 16
Completas 17
Hibris 18
Fertilidad 19
Volver al primer amor 20
La llama paciente 21
Apuntes del desierto: los castigos de Zeus 22
Nadie lo sabe 23
Hora nona 24
Eucaristía 25
Llamada desde el Monasterio II: las monjas quieren conocerte 26
Vísperas 27
El duende 28

II
LA MIRADA DE SHIVA

Böcklin pinta su *Autorretrato con la muerte tocando el violín* a orillas del Ganges, en Benarés 33
Maitines 36

Los travestis de los semáforos de Delhi 38
Transitar 39
Por un grano de arroz 40
Talita Kumi: Krishna se fija en la mujer callada del templo 41
Poeta en Nueva Delhi 42
Laudes 44
Los nadies del poema de Galeano me observan 45
El verbo *to be* 46
Made in India 49
La humildad sonríe 50
Independence Day 51
Tercia hora 52
Secuencia en el Meenakshi temple de Madurai 53
Hora sexta 55
Oración en el desierto 56
La herida que ilumina 57

III
LA LLAMADA DEL SILENCIO

Metamorfosis 63
Mr. Hyde 64
El acorde 65
Kairós 66
Hopper en llamas 67
El cáliz 68
Getsemaní 69

Agradecimientos 71

Esta primera edición de *Getsemaní*
se acabó de imprimir en Madrid
el día 14 de octubre de 2025,
fecha de la muerte de
Garcilaso de la Vega
489 años antes.